BUCKET LIST

500 ERLEBNISSE FÜR REISENDE & ABENTEURER

REISE UND ABENTEUER EDITION

LUCAS SOMMER

BUCKET LIST VERLAG

IMPRESSUM

Bibliografische Information der Deutschen Nationalbibliothek
Die Deutsche Nationalbibliothek verzeichnet diese Publikation
in der Deutschen Nationalbibliografie; detaillierte bibliografische
Daten sind im Internet über http://dnb.d-nb.de abrufbar.

ISBN: 978-3-947817-00-9(Taschenbuch)

1. Auflage Juli 2018

Druck: Amazon Media EU S.à r.l., Luxembourg
Author: Lucas Sommer, Hamburg

ein Imprint von sprojects UG (haftungsbeschränkt)
Barnerstrasse 28
22765 Hamburg

Wir freuen uns über Postkarten und Bilder eurer Erlebnisse

"Gib jedem Tag die Chance, der schönste deines Lebens zu werden."

Mark Twain

WARUM DIESES BUCH?

Diese Frage kannst du dir wahrscheinlich selbst beantworten. Aus Irgendeinem Grund hast du unser Buch ja schließlich bestellt! Na gut, vielleicht hast du es auch geschenkt bekommen und fragst dich jetzt " Was soll ich mit diesem Buch?"

Planen was dir Spaß macht!

Auf deiner Bucket List sollten alle Dinge stehen die du in deinem Leben gerne einmal getan oder erlebt haben möchtest. Unser Buch soll dir als Inspirationsquelle dienen. Unsere Vorschläge kannst du am Ende des Buches jederzeit um deine Eigenen Ideen ergänzen.

Viele unserer Vorschläge sind gefährlich oder verrückt und bergen ein gewisses Risiko. Bitte setze unsere Ideen also nicht blind um, sondern mach dir Gedanken und schätze deine Risiken dazu richtig ein.

Es ist dein Leben - TRAU DICH

Setzt dir Ziele

Motiviere dich

ENTDECKE WAS SPASS MACHT

verschiebe deine Komfortzone

Lerne die Welt kennen

SPÜRE DAS GLÜCKSGEFÜHL NACH JEDEM ZIEL

bereichere dein Leben

Sammle positive Erfahrung

ENTDECKE NEUES

BLEIBT AKTIV UND FIT

LERNE DICH SELBST KENNEN

Geniesse deinen Moment

Bereit?

1. Eine "Bucket List" schreiben ☐
oder diese hier nutzen

2. Übernachte unter freiem Himmel ☐

3 .Besuche eine Geisterstadt ☐

4. Esse Insekten ☐
Was hast du probiert?

_ _

5.Spontaner Camping Trip

Wo gings hin?

6. Nimm an einer japanischen Teezeremonie teil.

7. Feuer machen ohne Hilfsmittel

8. Hab Spaß in einem Trampolinhaus

9. Klettere auf einen Baum

wie hoch war der Baum...

10. Tauche

mit Delphinen

11. Fondue essen

in der Schweiz ☐

12. GOLD SCHÜRFEN

Hast du etwas gefunden?
Wie viel und Wo?

____

____

____

13. Eine Woche barfuss unterwegs ☐

14. Orcas beobachten ☐

15. Werde fürs Reisen bezahlt ☐

16. Route 66. auf der Harley Davidson ☐

Bungee Jumping Wo bist du gesprungen?

----

18. Eine Kuh melken

19. Kite surfen

Wo warst du? Hat es dir gefallen?

____

____

20. Eine Woche ☐ *positiv denken!*

21. Pilze sammeln und essen ☐

Bitte nur die Pilze die auch essbar sind!

22. ☐ Feiere auf dem Münchener Oktoberfest

23. Lerne eine Kampfkunst um dich selbst zu verteidigen

Für was hast du dich entschieden?

____

24.Springe von einer Klippe ins Wasser

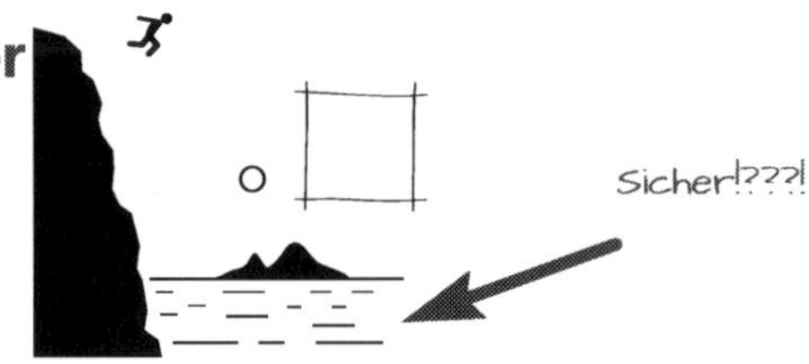

25. Übernachte in einem Iglu

☐ Warme Sachen nicht vergessen!

26. STONEHENGE BESTAUNEN ☐

27 .Nimm an einem "Air Sex Kontest" teil!

Einige Menschen zeigen Ihre Techniken beim "Luftgitarre- Wettbewerb" andere beim "Air Sex Kontest"

Dein Platz::__________

28.Erlebe Bangkoks Nachtleben ☐

29. Lass dich per Wasserflugzeug ans Ziel bringen ☐

30. Verbringe einen Winter in Canada ☐

31. Das peruanische Nationalgericht probieren!
☐ Lecker Meerschweinchen!

Nix für Veganer aber in Peru gibt es wirklich viele verschiedene Varianten Mais zu essen ;-)

32.
Einen Monat ohne Social Media
☐

33.
BESTAUNE
"DIE VERBOTENE STADT"
BEIJING, CHINA
☐

34. Schneemobil fahren ☐

35. Starte eine Straßenperformance vor einer Sehenswürdigkeit und sammle Geld

Performance:

Spenden:

36. Spontan zum Flughafen und ein Flugticket für den nächsten freien Flug buchen

Reiseziel______________________

37. Nimm an einem Esswettbewerb teil

Welchen Platz hast du gemacht? Was wurde gegessen? Wie viel hast du geschafft?

____

____

____

38. Lerne tauchen und erlebe eine neue Welt

☐

39. Lerne "Hallo" in 20 Sprachen ☐

40. Vespa-Tour durch Italien

Wo warst du genau?

____

____

____

____

____

____

41. Eine Perle in einer Auster finden

☐ 

42. Nimm an der ☐
Schlammschnorchel WM teil

43.
Reise alleine ☐

Carneval in Rio de
44.
☐ Janeiro

45.
Lerne jagen

komme mit "Beute" zurück.

----

46. Übernachte in einem Kloster

____

47. Erlebe die Invasion der Krabben auf den Weihnachtsinseln

☐

48. Auf geht's zur Tomatina nach Italien der größten Tomatenschlacht der Welt

49. White Water Rafiting ☐

50. Zeig was du kannst bei den verrückten Redneck Games

Schlammbauchklatscher, Zigaretten schnipsen, WC-Brillen werfen & Co.

Ergebnisse:

---

51. Erfinde etwas

52. ☐ Mach dich auf die Suche nach einem Schneeleoparden

Erste Entwürfe

53. SHANGHAI ERKUNDEN ☐

54. Einen Sandsturm durchfahren ☐

55. Besuche Schloss Neuschwanstein ☐

56. Deine Mama als Reisepartner

Wo ging die Reise hin?

____

57. Snowboard / Ski fahren ☐

58. ÜBERZEUGE EINEN VIEHHIRTEN UND PASSE EINEN TAG LANG AUF SEINE TIERE AUF ☐

59. Hundeschlitten fahren in _______

60. Trinke eine Woche nur Wasser ☐

61. Erlebe ☐ die Ägyptischen Pyramiden

62. Erlebe Amsterdam ☐

63. Überquere die Alpen zu Fuß  ☐

64. Swing auf der Schaukel "am Ende der Welt" in Equador ☐

65.

Sei Glücklich und geniesse DEIN Leben!

☐

66.

Probiere diese gewöhnungsbedürftigen Speisen:

☐ **Tausendjährige Eier**	☐ **Schafsmagen**	☐ **Mopanewürmer**
☐ **Hühnerfüsse**	☐ **Skorpion**	☐ **Innereiensuppe**
☐ **Ochsenzunge**	☐ **Seegurke**	☐ **Schwalbennestsuppe**

67. Starte ein Projekt mit Einheimischen

68.

Erkunde einen Regenwald

Was hast du erlebt:

____

____

____

____

____

69.

Orientiere dich einen Tag lang nur mit dem Kompass, gehe ausschließlich in eine Himmelsrichtung

☐

Big Five

70.

Löwe
Wasserbüffel
Elefant
Leopard
Nashorn

☐

71.
Holi Festival in Indien

☐

72. Entspanne in einer heißen Quelle ☐

73. Kamel reiten

Schwindelfrei?

☐

74. Erlebe die Salzpfanne von Salar de Uyuni in Bolivien ☐

hypno-

tisieren ☐

lasse

dich

76. Übernachte in einer Hängematte

☐

77. Eltern als Reisepartner

Reiseziel:____________________

78. LASSE DICH AN EINEM UNBEKANNTEN ORT AUSSETZEN UND FINDE NACH HAUSE

Hilfe!

KEIN Handy, Kein Geld, genügend Wasser

79.
Segeltörn am Greatbarrier Reef ☐

80. Übernachte am Strand von_______________unter freiem Himmel

81. Madi Gras Festival ☐

82. Schnorcheln mit Schildkröten ☐

83. HILF JEMANDEM MIT SEINER BUCKETLIST ☐

☐ 84. New York...Rio...Tokio...

☐ 85. New York...Rio...Tokio...

☐ 86. New York...Rio...Tokio...

87.

Verpacke 10 Geschenke und verschenke sie an Obdachlose

☐ Karma!

88.

Erlebe die Gelassenheit in Kubas Hauptstadt Havanna

☐

89. Eine Fahrt mit dem Orient-Express

☐

90. Bestaune das Ägyptische Museum in Kairo ☐

91. Bogen schießen ☐

92. BURNING MAN FESTIVAL USA ☐

93.

Drei Zaubertricks lernen und Menschen begeistern

94.

Käseroll-Challenge
Brockworth- England

95. SCHATZ FINDEN

96. Strip-Poker mit Fremden

97.

Bestehe eine Mutprobe! Dein/e beste(r) Freund/in kennt deine Ängste

----

----

98. Schwimme neben einem Walhai

99. Übernachte auf einem Flughafen

100. Schreibe ein Buch über deine Abenteuer...

101. ...und veröffentliche es!

102. Reise per Anhalter

103. LASS DICH AUF EINER WANDERUNG VON DER LANDSCHAFT UND DEM TIANMEN MOUNTAIN (CHINA) BEGEISTERN

WELTREISE

105. ☐
Erkunde den Amazons

106. Baue ein Baumhaus! ☐

107. Übernachte in einem Baumhaus ☐

108. Polarlichter sehen ☐

109. Wellenreiten

WO?__________

110.
"*Danke*" in 20 Sprachen ☐

111. ÖFFNE EINE FLASCHE PROSECCO MIT DEM SÄBEL ☐

112. Dünen Boarding ☐

113. Übernachte in einem verlassenem Haus ☐

114. Besuche Ankor Wat ☐

115. Casino Monte Carlo ☐

Hast du was gewonnen? Wie viel?

_ _ _ _ _ _ _ _ _ _ _ _ _ _ _ _ _ _ _ _

116.Fahrradtour durch die Wüste

☐

117. Spreche 24 Stunden nicht ☐

118. Schluchtenwandern (Canyoning) ☐

119. Baue ein Floß und beginne eine großartige Fahrt

☐

120. Finde etwas im Boden mit einem Metalldetektor

☐

121. Reite auf einem Esel

☐

122. Tokyo Fischmarkt besuchen

☐

123. Sashimi und andere Leckereien auf dem Fischmarkt probieren

☐

----

124. Thunfisch-Aktion besucht

☐

125.CHINA ERKUNDEN

WO WARST DU GENAU?
WAS WAR DAS SCHÖNSTE ERLEBNIS?

126. Gib eine Woche kein Geld aus ☐

127.

Gorillas beobachten ☐

...in freier Wildbahn ;-)

128. **Reise ohne jegliches Gepäck** ☐

129. Erlebe Patagonien

☐

130. Blob-Jumping Wo wurdest du geblobt?

----

131. Teste deine Fähigkeiten beim Clamming

132.KÄFIG-TAUCHEN

WO WARST DU? WAS HAST DU GESEHEN?

____

____

133. Komme eine Woche ohne jegliche Uhr aus! ☐

134. Ernähre dich 3 Tage nur von der Natur ☐

135. ☐ BESUCHE HONGKONG

136. Fange und esse einen Fisch

Was hast du gefangen?

____

137. Auf heißen Kohlen laufen ☐

Vorher verstehen wie das geht! Safety first!

138. Übernachte in einer Höhle ☐

Warme Sachen und Licht nicht vergessen!

139. Nimm an einer Papierboot Regatta teil

Es kommt auf die richtige Technik an, aber erst im Wasser wirst du sehen ob dein Boot dich auch hält.

Dein Platz::__________

140. Bekomme einen Guinessbuch-Eintrag

☐

141. Erlebe Istanbul

☐

142. Besuche den Gewürzmarkt in Old Delhi ☐

143. Verbringe einen Tag als Rollstuhlfahrer

Welche Erfahrung hast du gesammelt?

144. Bestelle im Restaurant die gesamte Karte

Vielleicht lädst du ein paar Fremde oder Freunde ein?!

☐

145. Eisfischen

☐

146. Aktiven Vulkan besteigen ☐

147. Fahrrad-Rikscha fahren ☐

148. Suche und finde jmd. der deinen Vornamen und Nachnamen trägt

Suchdauer:_______

Wo gefunden:_______

149. Finde dein nächstes Reiseziel durch den Wurf eines Pfeils auf die Landkarte

Reiseziel____________________

Es ist dein Leben!

150.

Finde eine Aufgabe die DIR Spaß macht !

Happy Job / Happy Business

vs.

Hamsterrad

151. Ein Tag in völliger Dunkelheit

☐ Wie das gehen soll? Schwierig aber machbar!

152. Internationales Kite Festival - Indien ☐

153. Rieche und "genieße" eine Durian

☐

154. ☐

Nur du und ein einsamer Strand

155. Wandere an einem Tag 50 Kilometer

☐

156. Veranstalte einen Flashmob

☐

157. Tequila trinken in Mexico City ☐

158. **Lerne einen Boomerang zu werfen**

und wieder auf zu fangen ☐

159. Übernachte im Auto ☐

160. Erlebe die Gnu Wanderung in der Serengeti ☐

☐ 

161. Gewinne einen Gummistiefel-Weitwurf-Kontest

162. Befreie deinen Geländewagen aus dem Tiefsand ☐

163. Fullmoon Party - ☐
Koh Phangan - Thailand

Was hast du erlebt:

165.
Rodeo reiten

☐

164. Spontaner Roadtrip

hier kannst du ein Foto als Erinnerung einkleben

166. In der Kalahari campen ☐

167. Roter Platz - Moskau ☐

168. und Foto mit Polizist gemacht ☐

169. Seoul erleben ☐

170. Papa als Reisepartner

Wo ging die Reise hin? ______________

171. Gleitflugzeug (mit)fliegen ☐

172. Lachsrun in Canada ☐

173. Kanutour durch die Wildnis ☐

174. Wracktauchen in _______

175. EINE WOCHE AUF EINER EINSAMEN INSEL ☐

176. Erlebe Singapur ☐

177. Gewinne einen Kampf ☐

178. Guerrilla Gardening - Pflanze heimlich Blumen wo keine sein sollten

☐

179.Bestaune den Kamelmarkt in Pushkar - Indien

☐

180.
Reduziere deinen MÜLL um 30%

für weniger Plastik und mehr Natur

☐

181. Besteige einen 8000er Berg

Berg:________

Datum:______

Gefühl:______

182. HANGOVER TRIP LAS VEGAS

183. Seile dich an einem Wasserfall ab

184. Schwimme im 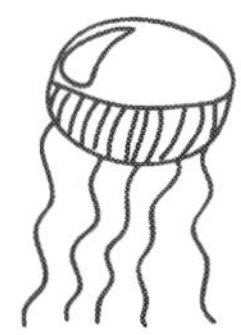

Jellyfish Lake - Palau

185. Finde die Osterinseln

27° 7′ S, 109° 21′ W

186.
Schlafe eine Woche lang alle 4 Stunden für 20 Minuten ☐

187.INCA TRAIL - Peru

TIP: 12 Monate im voraus buchen! ☐

188.
Paintball Game gewinnen

☐

189.
Franz Josef Gletscher
- Neuseeland

☐

190. Tontauben schießen ☐

Sieben neuen Weltwunder

- 191. Chichen Itza - Maya-Ruine
- 192. Chinesische Mauer
- 193. Christo Rio de Janeiro
- 194. Kolosseum
- 195. Machu Picchu
- 196. Petra Felsenstadt
- 197. Taj Mahal

198. Cable Scooting

Schutzausrüstung ? GUTE IDEE!

199. Einen Sommer im Campervan

200.

Krüger Nationalpark

Was hast du erlebt:

____

____

____

____

____

201.

100% Trinkgeld
für den Kellner

#GUTMENSCH!

202.

Finde deinen perfekten Reisepartner

□

203.
Werde Teil einer Karawane und ziehe mit Normaden oder Zirkus durch die Gegend

☐

204.
Blue Hole - Bahamas

☐

205. Jetski

☐

206. Erlebe Prag

☐

207.
Europatour mit dem Auto / Motorrad ☐

208. Unterwasser-Museum in Mexiko

☐

209. Heliskiing

☐

210. Wandern an einem Fluss von der Quelle bis zur Mündung ☐

211. Mit einem Fremden reisen

Reiseziel:______________________

Name:_________________________

212. TAUSCHE 24 STUNDEN DEINEN ALLTAG MIT JEMAND ANDEREM

WIE IST ES DIR ERGANGEN?

213. Stelle dein eigenes Messer her

☐

214.

Jage einen Tornado ☐

Hauptsache du weißt wann es besser ist Abstand zuhalten!

215. Übernachte unter der Erde ________________

216. Beobachte einen Eisbären in freier Natur ☐

217. Motorradtaxi

☐ weniger Sicherheit mehr Adrenalin!

218. SETZT DICH AUF DIE KANTE DES ABGRUNDES ☐

PREIKESTOLEN- NORWEGEN

219. Basejumping ☐

220. Schlammcatchen

☐

221.
Deutschland Roadtrip

222.
Probiere Parcouring ☐

223.
Schwimmen im Toten Meer ☐

224. Übernachte im Stall bei den Tieren ☐

225. Zip-Lining ☐

226.
Sei ein Mentor

Was kannst du anderen Menschen beibringen?

227. Entdecke die USA auf deiner Reise von Ost- bis zur Westküste ☐

228. Höhle erforschen ☐

229. Finde deinen Lieblingsplatz auf dieser Welt

____

____

____

____

230. Spendiere einem Obdachlosen Menschen ein Mittagessen ☐

Danke!

231. Werde zum Abenteuer-Experten ☐

232. und bringe anderen dein Wissen bei ☐

233. Entdecke die Stadt in der du lebst! ☐

Welche Abenteuer gibt es in deiner Stadt zu erleben?

---

234. Verschicke eine Flaschenpost ☐

235. Stand UP Padeling ☐

236. Erkunde Vanuatu - Das Paradies am Ende der Welt ☐

237. Joga ☐

239. Meditation ☐

238. ☐ **Stierlauf in Pamplona - Spanien**

gefährlich!

240.

Welche Länder hast du schon besucht?

Dir fehlen ein paar Inseln auf der Karte? Einfach schnell selber malen ;-)

241. BIG WAVE SURFING - HAWAII ☐

242. Packe deinen Rucksack und gehe einfach los ☐

243.Fahrradausflug durch die Everglades - USA ☐

Achtung Alligatoren und Krokodile

244. GANZKÖRPER-SKATEN ☐

245. Mit dem Auto durch Indien

Entweder du bist verrückt oder wirklich hart im nehmen ;-)

☐

246. Apnoe-Tauchen

Tiefer als 215m ohne Sauferstoffgerät und du bist an der Weltspitze!
Deine Tiefe:________

247. Weltall-Flug ☐

ab 200.000 Dollar

248. Asiatische Metropole - Rush Hour - Metro

Viel Spaß :-)

249. Übernachtung im Kapselhotel von__________

250. Probiere BANH MI

251. und vietnamesischen Iced Coffee

252. Terrakotta-Armee von Xian - China

253. EISBADEN

254. SEE-KAJAKING

255. Mit der Transsibirischen Eisenbahn von Moskau bis Wladiwostok

Dankbarkeit?

256. Lebe eine Woche auf der Straße
257. Arbeite einen Tag in der Obdachlosen-Verpflegung

258. NIMM AN EINEM HINDERNISLAUF TEIL

Z.B. THOUGH MUDDER O.Ä. - WIE IST ES DIR ERGANGEN?

Besuche die Zentren der Weltreligionen

z.B. den Vatikan, Mekka, Jerusalem, Varanasi u.v.m.

259.

260.

261.

262. EIN 500 EURO AUTO UND LOS ZUM GARBAGE RUN VON EUROPA NACH AFRIKA ☐

263. Yunga Road - die gefährlichste Straße der Welt ☐

264. Mile High Club :-) ☐

265. Feuer spucken

Wie war es? vorsichtig

_ _

_ _

266.Traditionelles Speerfischen

Hast du was gefangen? ☐

____

____

267. Auf den Spuren von Indianer Jones

Besuche einen der Film-Drehorte

____

____

____

In der Wildnis überleben

268. ☐ **Wasser finden und abkochen**

269. ☐ **Essbares finden**

270. ☐ **Lager bauen**

271. REGELMÄSSIG FRÜH AUFSTEHEN

DIE BESTEN ABENTEUER BEGINNEN MORGENS! ☐

272. Sagano Bambus Wald - Tokyo ☐

273. Sumo ringen ☐

274. Markt von Marrakesh besuchen ☐

275. Genieße den kanadischen Spätsommer ☐

----

276. und begegne Grizzly- oder Schwarzbären ☐

277. CAMPINGTOUR AN AUSTRALIENS OSTKÜSTE

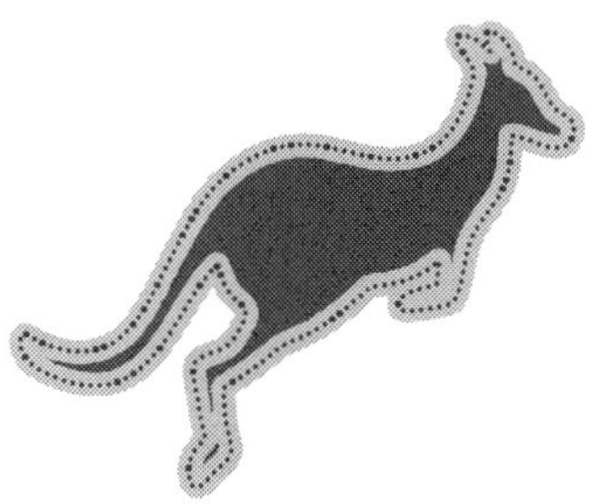

WO WARST DU GENAU?
WAS WAR DAS SCHÖNSTE ERLEBNIS?

278. HEIßLUFTBALLON FLIEGEN ☐

279. Pinguine beobachten ☐

280. Verständige dich in einer dir unbekannten Sprache ohne Wörterbuch ☐

no google.com
just "Hände und Füße"

281. Erlebe die Namib-Wüste im Namib-Naukluft National Park ☐

282. Chang Mai - Die Stadt der digitalen Normaden

Hier findest du viele Abenteurer und digitale Normaden

☐

283. Einbaum fahren ☐

284. PLANETEN BESCHÜTZEN

TUE ETWAS GUTES FÜR DIE UMWELT

____

____

285.

Höhlentauchen in Mexiko (Cenote diving) ☐

286. *Bestaune einen Geisir*

____

☐

287.

Besuche Belize

☐

288. Öffne eine Kokosnuss ohne Hilfsmittel

Wie lange hast du gebraucht?

____

289. Lass dich in einem öffentlichen chinesischen "Peoples Park" treiben. Tanzen, singen und einfach Spaß haben ☐

290. Übernachte in einem Tempel ☐

291. LASS DICH ALS ABENTEUERGUIDE BUCHEN

☐

292. Galapagos Inseln

Auf den Spuren von Charles Darwin. Schreib auf was du erlebt hast:

---

293. Finde eine Höhle hinter einem Wasserfall ☐

294. Übernachtung im Baumzelt

295.

Baue dir deinen eigenes heißes Bad am Strand von Hotwater Beach - Neuseeland

296. Lerne mit deiner Kamera richtig umzugehen

und halte deine Erlebnisse fest!

297.

Brot backen im heißen Sand

298.

BEOBACHTE WILDE TIGER Z.B. IM INDISCHEN RANTHAMPORE NATIONALPARK

299. Erlebe das japanische Kirschblütenfest

300.

UNESCO Weltkultur oder Weltnatur Erbe

- [ ] ---------------
- [ ] ---------------
- [ ] ---------------
- [ ] ---------------
- [ ] ---------------
- [ ] ---------------
- [ ] ---------------
- [ ] ---------------
- [ ] ---------------
- [ ] ---------------
- [ ] ---------------
- [ ] ---------------
- [ ] ---------------
- [ ] ---------------
- [ ] ---------------
- [ ] ---------------
- [ ] ---------------
- [ ] ---------------
- [ ] ---------------
- [ ] ---------------
- [ ] ---------------
- [ ] ---------------
- [ ] ---------------
- [ ] ---------------
- [ ] ---------------
- [ ] ---------------
- [ ] ---------------
- [ ] ---------------
- [ ] ---------------
- [ ] ---------------

Insgesamt mehr als 1000 !

301. Alle 7 Kontinente betreten

☐

302. Hab Spaß am Dia de los Muertos - Mexiko ☐

303. Iguazu Wasserfall - Argentinien

☐

304. ☐

Verändere das Leben einer Person zum Positiven

305. ☐

Geniesse den Sonnenuntergang an der Düne 45 im Sossusvlei - Namibia

306. *Weitomo Glühwürmchenhöhlen - Neuseeland*

☐

307.

ROCK ISLAND SÜDLICHE LAGUNE PALAU ☐

Paradies? !!!

308. Mit dem Fahrrad durch Tansania ☐

309. Esse Pho Bho oder Pho Chay (veg.) in Vietnam ☐

310. Singe dein Lieblingslied laut im Wartebereich eines Flughafens ☐

311. Teste deine Seetauglichkeit bei einer Überfahrt auf einem Containerschiff ☐

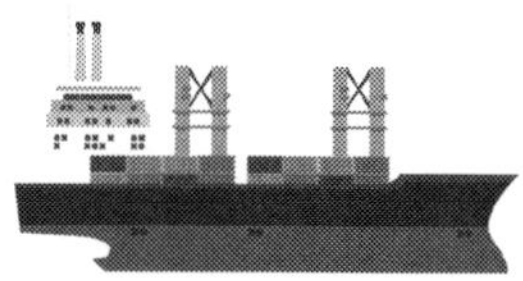

312. Unterwasser- Scooter ☐

LUSTIGER SPAß

313. Fliegende Laternen beim Yi Peng Festival - Thailand

314.
Übernachte im Everest Base Camp

315. Roadtrip mit deinem Besten Freund

316. Mineralien suchen

Foto von deinem Fund einkleben

317. Tibetische Hängebrücke in Claviere - Italien

☐

318. Argungu Fishing Festival - Nigeria ☐

319. Nordkorea ☐

320. Probiere Geocaching

Hast du alle Rätsel lösen können?

321. Sehe dein Lieblingstier in freier Natur ☐

322. Flyboarding

☐

323. Feiere Silvester mit Fremden

324. Schreibe einen Blog und inspiriere andere ☐

325. Erlebe Kuala Lumpur ☐

326. Yakbutter Tee trinken ☐

327. Finde am Strand ein Treibgut welches du gebrauchen kannst ☐

328. Wohnungstausch im Urlaub ☐

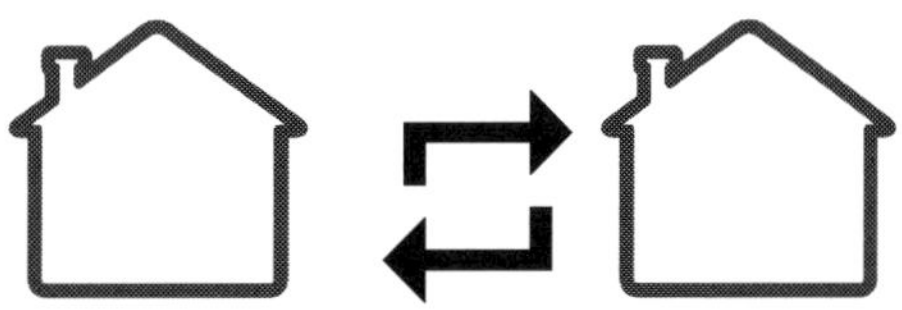

329. Seifenkistenrennen ☐

330. Eisbaden ☐

331. Erklimme den Tafelberg und genieße den Blick auf Kapstadt ☐

332. Kämpfe auf dem San Vino Wine Fight ☐

Fülle deiner Wasserpistole mit Rotwein und los gehts!

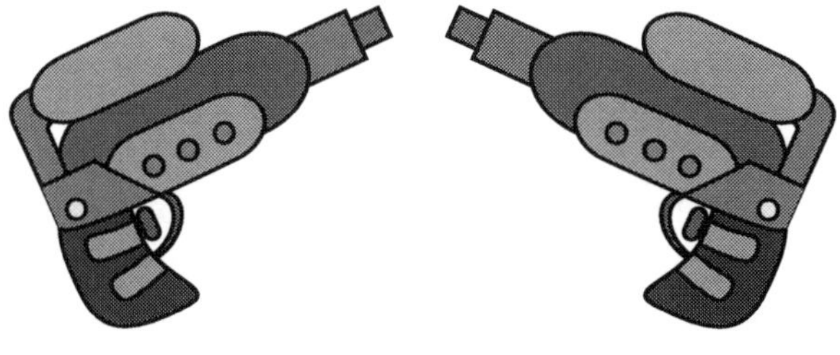

333. Einfach mal mit fremden Menschen einen Abend an der Bar verbringen ☐

334. Tauche mit einem U-Boot ab ☐

335. Fange eine ungiftige Schlange mit der Hand ☐

336. ZORBING

Keine Ahnung von was wir sprechen? Finde es heraus! ☐

337. Endecke einen Condor bei einer Anden-Wanderung ☐

338.Schau dir einen Berg mit Reisterrasse an z.B. in China

Wo gings hin?

----

339. Fahre in einem Bob die Eisbahn runter

340. Erlebe Jordanien

341. BESUCHE DEN GEBOGENEN WALD IN POLEN

342. Nimm an einem Bier-Rennen teil

343. Übernachte im Stroh oder Heu ☐

345. Unterwasser-Golf ☐

346. ☐ Erlebe die Natur bei -45 Grad

347.Probiere Ice Climbing und erklimme einen Wasserfall ☐

----

348. Werfe bei den Temperaturen einen Becher mit Wasser in die Luft ☐

349.BESUCHE EINE ROBBEN-KOLONIE

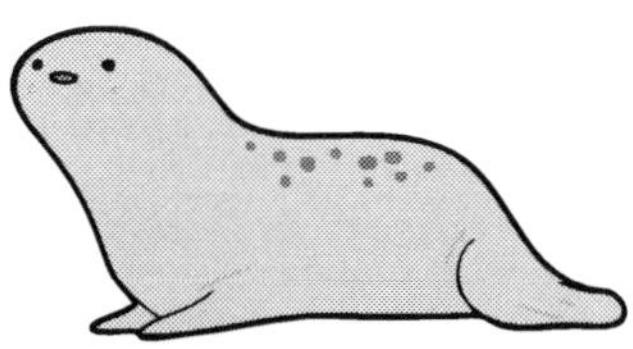

WO WARST DU GENAU?

350.

Überzeuge eine Gruppe Locals davon mit dir gemeinsam für min. 10 Minuten Plastikmüll zu sammeln

☐

351. Traue dich auf eine Glasbrücke ☐

352. SCHWIMME IN EINEM FISCHSCHWARM

☐

353. Baue eine riesige Sandburg ☐

354. *Beobachte eine Sonnenfinsternis* ☐

355. ☐ **BESUCHE PARIS**

356. Besuche eine Eishöhle

Wo warst du?

____

357.Legedich auf ein Nagelbrett

Vorher verstehen wie das geht! Safety first! ☐

358. Übernachte in der Wüste

Warme Sachen nicht vergessen! ☐

359. FINDE IN DER WÜSTE ETWAS WAS LEBT ☐

360. Nimm am UP Helly Fire Festival in Schottland teil ☐

361. ENTDECKE DIE SCHÖNHEIT IRLANDS

☐

362. Bringe einem Einheimischen etwas gutes aus deiner Kultur bei

☐

363. Besuche das muslimische Viertel in Xian -China

☐

364.

Nimm an einer Blinden-Stadtführung teil

Welche Erfahrung hast du gesammelt?

____

____

____

365. Geniesse in Lima einen Pisco Sour mit Blick aufs Meer

☐

366.

Slaglining

☐

367. Einrad fahren

☐

368.

Baue einen grossen Schneemann

☐

369. Suche den Schatz des Forrest Fenn

Wenn du ihn findest, werden wir das wohl in der Zeitung lesen :-)

☐

370.

KAUFE AUF EINEM EINHEIMISCHEN MARKT NUR ESSEN WAS DU NICHT KENNST UND PROBIERE ES

☐

371. Bezahle für den Menschen hinter dir in der Schlange mit

☐ #einfach mal nett sein

372. Besuche die Highland Games in Großbritannien ☐

373.
Sehe Elche in Schweden

☐

374. ☐
Übernachte in einem Leuchtturm

375. Besuche den Yellowstone Nationalpark

☐

376.
HILF EINEM FREMDEN

☐

377.
GENIESSE EIN BIER IN DER GUINESS BRAUEREI

☐

378. Schere ein Schaf

☐

379. Übernachte in einer Jurte ☐

380. Erlebe die Invasion der Wohlhandkrabben in Hamburg

Die Besten Plätze sind an den Stauwerken um Geesthacht. Einfach mal google fragen. ☐

381. Lass dich im Tiefflug über die Skelettküste in Namibia fliegen ☐

382. Erlebe die Wildnis der Mongolei

☐

383. Durchquere eine Wüste

Was hast du erlebt:

384. Besuche den Nordpol ☐
385. und den Südpol ☐

386. Erlerne einen fremden Brauch

Notiere was du gelernt hast

387. Besuche einen Flugzeugfriedhof in den USA

☐

388. Verfolge die Spuren der Wölfe im Naliboki Forest - Weissrussland

☐

389. Besuche die internationalen Grillweltmeisterschaften ☐

Besuche diese wirklich abgelegenen Orte

- ☐ **390. Cape York, Australien**
- ☐ **391. Changtang, Tibet, China**
- ☐ **392. Ittoqqortoormitt, Grönland**
- ☐ **393. Anaktuvuk Pass, Alaska**
- ☐ **394. Spitzbergen, Norwegen**
- ☐ **395. Motuo Country, China**
- ☐ **396. Devon Island, Kanada**
- ☐ **397. Foula Island, Schottland**
- ☐ **398. Palmerston Island, Cook Inseln**

399. Bau etwas aus Naturwerkstoffen und verkaufe es

☐

400.
Begegne auf deiner Reise jedem Menschen so wie du auch behandelt werden möchtest

für mehr Freundlich- und Dankbarkeit

☐

401. Genieße eine Bootstour durch die Halong Bucht - Vietnam

402. Lerne Tango in Buenos Aires

403. Erlebe das Great Reno Ballon Race in den USA

404. Entdecke alte Schätze beim Magnetfischen

405. Nimm an einer Cava-Zeremonie auf den Pazifischen Inseln teil

406. Entdecke einen Ameisenbär

407. Mache eine Nachtwanderung

☐ 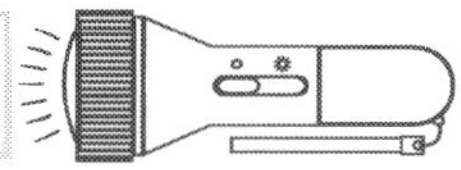

408. Nimm an der Frauen-Trage-Weltmeisterschaft in Finnland teil

☐

409.Besuche die Lalibela Kirche in Äthiopien ☐

410. Besuche die Weltmeisterschaft im Schneckenrennen - England ☐

411. Erlebe die Kunst in der Moskauer Metro

☐

412. Feiere im Reich der Mitte das chinesische Neujahrsfest

☐

413.Erlebe einen Christoper Street Day

☐

414.
Besuche Fez in Marokko

☐

415.
Rangiroa? Das Paradies!
Französisch-Polynesien

☐

416. Schwinge dich an einem Seil ins Wasser ☐

417. VEGETARISCHE FESTIVAL IN PUCKET - THAILAND

Lecker auch ohne Fleisch!

☐

418. Islandhopping auf den Fidschis

419. Mit den Buschmännern auf Erkundungstour

(z.B. mit den San in der Kalahari)

420. Finde in Indien die letzten weißen Löwen

421.
Great Ocean Road
- Australien

Was hast du erlebt:

____
____
____
____
____

422.
Gewinne mit deinen Fotos einen Fotowettbewerb

#Profi :-)

423.
Mit einem Langstrecken-Bus quer durchs Land (z.B. Greyhound-Australien)

424.
Couchsurfing

425. Draisine fahren

426. Erlebe Kopenhagen

427. Navy-Seal-Training
San Diego - USA

428. Entdecke mit dem Schiff die Fjorde Skandinaviens

429.
Versuche einen Schmetterling mit einen Glas zufangen

☐ 

430. Finde etwas versteinertes aus vergangenen Zeiten ☐

431. SEHE UND STAUNE BEI DEN ELVIS-EUROPAMEISTERSCHAFTEN BLACKPOOL -ENGLAND

☐

432. Den Cotopaxi Vulkan ☐ **mit dem Fahrrad bezwingen**

433. Traue dich und schau dir Tschernobyl an ☐

Check vorher aus ob du das hohe Risiko eingehen möchtest

434. Ruinen von Abu Simbel - Ägypten

☐

435. HELFE BEI EINER AUSGRABUNG

WAS HAST DU ERLEBT ?

436. Schneidere dir deine eigene Reisetasche

☐

437.

Ab zur Weltmeisterschaft im Grimassen schneiden ☐

438. ☐

Ändere deine Routine und baue mehr Abenteuer ein

439. Lerne ein Instrument zu spielen

Instrument: ____________________

Erstes Lied: ____________________

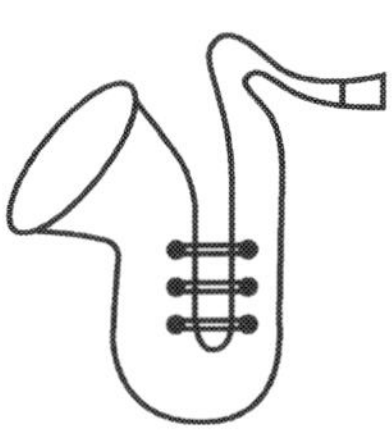

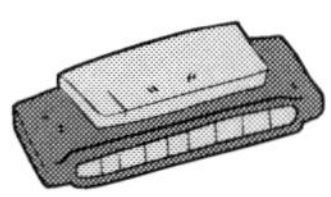
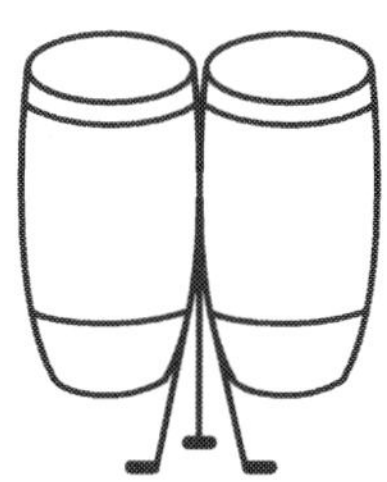

440.

Brauchst du alle Dinge die du besitzt?

Befreie dich und verschenke oder verkaufe deine überflüssigen Dinge!
Weg damit:

441. Wandere durch eine Teeanbauregion

Was hast du erlebt?

442. Felsenklettern ☐

443. Freunde dich mit deinem Sitznachbarn an ☐

444. Genieße einen Mangosmoothie in Thailand

 ☐

445.
Tai Chi

☐

446.
CO-Pilot in einem MiG29 Kampfjet ☐

#Adrenalinpur
#Superteuer

447. ☐
Seilbahn fahren

448. Katzencafe in Tokyo

Wie war es?

---

449. Nimm an einem Ski rennen teil ☐

450.
Spende etwas an eine gute Organisation oder gründe selbst Eine!

☐

Danke!

451. Besuche das Dorf der 100jährigen Campodimele -Italien ☐

452. Tauche im Bermudadreieck

☐

453. Heli Bungee Jumping über einem Lavasee Villarrica - Chile

☐ Bist du verrückt genug?

454. Tandem Fahrrad fahren

☐

454. Probiere Ceviche ☐

455. und trinke dazu eine Chicha Morada ☐

456. Schwimme am Abgrund im Devils Pool - Simbabwe ☐

457. BESUCHE AYERS ROCK ☐

458. ÜBERNACHTE AUF EINEM EINSAMEN BERGGIPFEL ☐

459. Besuche alle europäischen Hauptstädte ☐

460. Mit Einheimischen in Asien Karaoke singen ☐

461. Beobachte Orang-Utas auf Borneo ☐

462. RANGER AUSBILDUNG IN SÜDAFRIKA ☐

463. Zettele eine Schneeballschlacht mit Fremden an. ☐

464. Schreibe ein Reisetagebuch ☐

465. Lerne 10 Sternenbilder zu erkennen ☐

466. Verbringe eine Nacht ein an einem Ort an dem es angeblich spukt

☐ 

467. Entdecke auf deinen Reisen den Besten Burger der Welt ☐

Wo? _ _ _ _ _ _ _ _ _

468. Lebe und arbeite auf einem Schiff ☐

469.Verbringe Weihnachten in einer einsamen Berghütte

□

470. Wandertour durch die Dörfer der Cinque Terre □

471. Entdecke die Falkland Inseln □

472. Lebe einige Zeit direkt am Meer

□

473. Suche in London das Gleis 9 3/4 ☐

474.

Feiere beim internationalen Jazz Festival in Havanna -Kuba ☐

475. Erlebe eine Fahrt mit der Cable Car in San Fransisco ☐

476. Einen Eisberg sehen und anfassen

478. Baue eine Brücke

☐

479.
SCHILDKRÖTEN BEIM SCHLÜPFEN ZUSEHEN

Rücksicht nehmen!

WO WARST DU ?
WIE WAR DEINE ERSTE SCHILDKRÖTENGEBURT?

480.
Stelle dich deiner größten Angst und mache dich frei von ihr

481. Beobachte einen Meteoritenhagel ☐

482. Finde einen Bernstein

Wo warst du? Wie gross ist dein Bernstein?

____

____

483. Esse ein Jahr kein Fast Food ☐

484. *Erlebe ein Abenteuer mit deiner ganzen Familie* ☐

485. ☐ BESUCHE SANTORINI - GRIECHENLAND

486. Besuche Bora Bora ohne in einem Luxus Hotel zu wohnen

Wo hast du übernachtet?

____

487.

Besuche das Hammer Festival (Festa de São João do Porto) in Portugal und lass dir ordentlich mit einem Plastikhammer auf den Kopf hauen ☐

488.

Durchquere ein Land zu Fuß von Norden nach Süden

Welches Land hast du durchquert::______________________________

489. FOLGE EINEM REGENBOGEN BIS ZUM ENDE

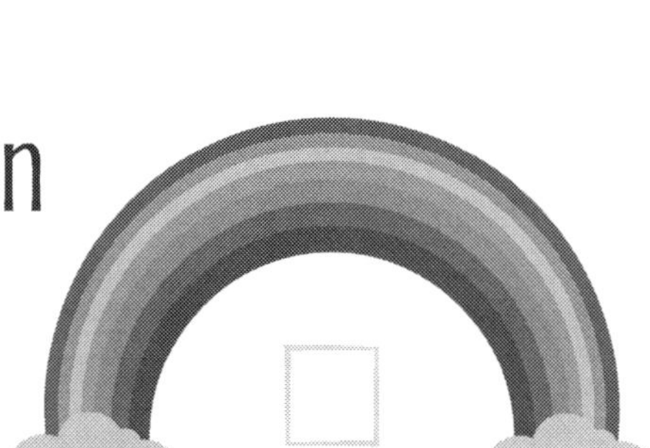

490.
Überlege dir wie du von deinen Reisen und Abenteuern leben kannst.

Erste Ideen:

491. Entdecke Kroatien ☐

492. Lerne eine Eskimorolle mit dem Kayak ☐

493. Fledermaus-Schwarm beim fressen beobachten ☐

494. Kart fahren auf dem Eis - Finland ☐

495. Schlage dich einen Monat als Hippie durch ☐

496. Besuche den Berg der Kreuze
- Litauen ☐

497.

Entdecke das Tor zur Hölle in Turkmenistan

☐

498. Finde die segelnden Steine in Kalifornien - USA

☐

499. Besuche die Christal-Höhlen
Naica - Mexiko

☐

500.

Ergänze diese Bucketlist

um deine persönlichen Ziele

☐

501 - 1.000
weiter geht es mit der Planung & Umsetzung deiner Abenteuer

"Denken ist wundervoll, aber noch wundervoller ist das Erleben."

Oscar Wilde

Nicht nur planen sondern auch umsetzen!

"Das Leben wird nicht an der Zahl unserer
Atemzüge gemessen,
sondern an der Zahl der Momente,
die uns den Atem rauben."

Maya Angelou

29465854R00072

Printed in Poland
by Amazon Fulfillment
Poland Sp. z o.o., Wrocław